Les mots compliqués à comprendre sont en **gras**.
Découvre ce qu'ils signifient dans le glossaire à la fin du livre.

QU'EST-CE QUE LA DENDROLOGIE ?

La dendrologie est l'étude des arbres, c'est-à-dire des plantes qui ont un tronc, des racines, des branches et des feuilles ligneuses. Tous les arbres sont des plantes, mais toutes les plantes ne sont pas des arbres.

Les scientifiques qui étudient les arbres sont des **DENDROLOGUES.**

LES ARBRES ONT-ILS UN LANGAGE SECRET ?

UNE PREMIÈRE DÉCOUVERTE DE **LA DENDROLOGIE**

Textes : Olivia Watson
Illustrations : Denis Alonso

Les arbres sont parmi les êtres vivants les plus impressionnants de la planète ! Ils poussent partout dans le monde depuis des millions d'années, interagissant avec les autres plantes et les animaux. Ces doux géants recèlent de nombreux secrets.

Les dendrologues adorent découvrir les secrets des arbres. Ils étudient comment ils poussent, changent selon leur **habitat** et contribuent à l'équilibre de la nature. Les scientifiques ont à ce jour découvert plus de

60000 espèces !

Tous les arbres ont des branches, des racines et un tronc, mais ils peuvent être, comme les humains, très différents les uns des autres. Les dendrologues se posent de nombreuses questions sur les arbres, mais l'une des plus importantes est : comment les arbres vivent-ils ensemble et comment font-ils pour rester forts ?

Saule pleureur
Bouleau argenté
Cerisier en fleurs

Les dendrologues tentent de répondre à cette question en observant le sous-sol. Certains pensent que les arbres relient leurs racines entre eux pour partager l’eau et les **nutriments**, aidant ainsi les jeunes arbres malades.

Les dendrologues tentent de découvrir si différentes espèces, comme le bouleau et le sapin, peuvent interagir. Ils pensent que les **champignons** pourraient aider les arbres en reliant leurs racines, leur permettant ainsi de se prévenir de dangers tels que la **sécheresse** ou les **maladies.**

Le travail d'équipe se déroule aussi en surface. Lorsqu'ils sentent que leurs feuilles sont dévorées par des animaux, les acacias libèrent un gaz dans l'air…

Les acacias voisins perçoivent ce gaz et font en sorte que leurs feuilles aient mauvais goût. Elles peuvent rendre malades les animaux, qui cessent alors **de les manger !**

Certains arbres envoient même des signaux aux insectes ! Les dendrologues ont découvert des arbres pouvant détecter quand ils sont mangés par une chenille. L'arbre dégage une odeur qui attire les guêpes, qui attaquent à leur tour la chenille et la neutralisent !

Les insectes n'aident pas les arbres pour leur seule protection. Ils les assistent aussi pour produire des fruits, disséminer leurs graines et former de nouveaux arbres ! En produisant des fleurs colorées et parfumées, les arbres mettent en valeur leur **nectar**, attirant des **pollinisateurs** comme les abeilles et les papillons qui aident les arbres !

Les odeurs, les couleurs et les **substances chimiques** ne sont peut-être pas les seuls modes de communication des arbres ! Les **botanistes** ont découvert que certaines plantes émettent un cliquetis. Il pourrait juste s'agir d'un son émis lorsqu'elles ont soif. Mais les dendrologues sont impatients de savoir ce que cette découverte implique chez les arbres.

Les dendrologues ont trouvé des solutions pour déterminer l'âge d'un arbre, comme compter les anneaux de croissance (ou cernes) de son tronc. Nous savons maintenant que certains arbres vivent des milliers d'années ! Leur capacité à s'envoyer des messages entre eux ne constitue qu'un seul de **leurs secrets de survie.**

Les arbres se protègent souvent efficacement. Mais il arrive qu'ils aient besoin de notre aide car ils sont parfois menacés d'**extinction** à cause de la **déforestation**…

Certains sont endommagés par les feux de forêt…

et d’autres se battent contre les maladies.

Les dendrologues nous montrent tout ce que les arbres font pour la planète. Ils abritent les animaux, purifient l’air et garantissent la bonne santé des sols. Grâce au travail des scientifiques, nous savons qu’il est vital d’aider les arbres lorsqu’ils ne peuvent pas s’aider eux-mêmes.

Grâce aux dendrologues, nous savons que les arbres communiquent entre eux et avec les animaux. Ils ne parlent pas comme nous, mais possèdent leurs façons bien à eux d'envoyer et de recevoir des signaux.

Et ce n'est là qu'une de leurs nombreuses caractéristiques…

Bonsaï
Art vivant

Pin de Bristlecone
L'arbre le plus vieux

Pin ponderosa
Résistant au feu

Arbre Boulet de canon
Fruits dangereux

Eucalyptus arc-en-ciel
Écorce arc-en-ciel

Pins de la Forêt tordue
Formes uniques

Dragonnier de Socotra
Sève rouge

Hypérion
L'arbre le plus haut

Arbre de Tule
L'arbre le plus large

Les arbres et leurs

SUPERPOUVOIRS

Comme nous l'avons vu, les arbres sont des plantes incroyablement intelligentes qui travaillent ensemble pour survivre et aider les autres à survivre. Mais ce n'est pas tout ! Explorons leurs autres particularités.

Puissants MÉDICAMENTS

Certains arbres, comme l'aulne et le saule, peuvent nous soigner lorsque nous sommes malades.

Merveilleux ABRIS

De nombreux animaux font leur nid dans les arbres, depuis les oiseaux nichant dans les branches jusqu'aux insectes vivant parmi les feuilles.

Beaux MEUBLES

Le bois des arbres est souvent utilisé pour fabriquer des meubles. Combien comptes-tu d'objets en bois dans ta maison ?

AIR *pur*

Les arbres purifient l'air ! Ils absorbent le **dioxyde de carbone** de l'air et libèrent l'**oxygène**, indispensable à la respiration des humains et des animaux.

ALIMENTS *délicieux*

De nombreux arbres produisent de délicieux fruits et graines que les humains et les animaux aiment manger !

Infos INCROYABLES

Il y a tant à découvrir dans le monde de la dendrologie ! As-tu les réponses à certaines des plus grandes questions que l'on se pose sur les arbres ?

COMBIEN Y A-T-IL D'ARBRES SUR TERRE ?

On estime qu'il y a plus de 3 000 milliards d'arbres sur notre planète !

LES DENDROLOGUES N'ÉTUDIENT-ILS QUE LES ARBRES ?

Non ! Les dendrologues étudient toutes les plantes ligneuses, ce qui inclut certains arbustes et vignes.

DEPUIS COMBIEN DE TEMPS LES ARBRES EXISTENT-ILS ?

Les **fossiles** montrent que les arbres existent depuis environ 385 millions d'années. Ils étaient donc déjà là au temps des dinosaures !

LES ARBRES POUSSENT-ILS PARTOUT DANS LE MONDE ?

Presque ! On trouve des arbres sur tous les **continents**, à l'exception de l'Antarctique. Ils peuvent même pousser dans des endroits extrêmes, comme les déserts et les marécages.

QUE SE PASSE-T-IL LORSQU'UN ARBRE MEURT ?

Certains arbres vivent quelques années, et d'autres des milliers ! Même après sa mort, un arbre est toujours utile à la nature, car il fournit nourriture et abris aux animaux.

GLOSSAIRE

Botanique – étude scientifique des plantes.

Botaniste – scientifique qui étudie la botanique.

Champignons – groupe d'êtres vivants, comprenant les champignons que nous mangeons, les levures et les moisissures, qui ne sont ni des plantes ni des animaux.

Continent – les plus vastes étendues de terre de la planète, comme l'Afrique et l'Europe.

Déforestation – abattage des forêts.

Dioxyde de carbone – gaz invisible présent dans l'air que les plantes absorbent pour produire leur nourriture et de l'oxygène.

Espèce – groupe d'êtres vivants partageant un parent, des caractéristiques et des particularités. Par exemple, les frênes et les chênes sont des espèces différentes.

Extinction – disparition d'une espèce végétale ou animale.

Fossiles – restes ou empreintes d'une plante ou d'un animal préhistorique.

Habitats – lieux où vivent les animaux et les plantes.

Maladie – état qui empêche un être vivant de fonctionner correctement.

Nectar – liquide sucré produit par les fleurs et qui attire les pollinisateurs.

Nutriment – substance ou ingrédient dont les plantes et les animaux ont besoin pour vivre et se développer.

Oxygène – gaz invisible présent dans l'air, produit par les plantes et dont les humains et les animaux ont besoin pour respirer.

Pollinisateurs – animaux et insectes qui contribuent au transport du pollen, nécessaire aux plantes pour donner naissance à de nouvelles plantes.

Sécheresse – période inhabituellement longue caractérisée par un manque d'eau, souvent causée par l'absence de pluie.

Sève – substance liquide qui circule à l'intérieur d'une plante ou d'un arbre.

Substance chimique – matière composée d'un élément unique, souvent fabriquée par l'homme.

LES RÉPONSES *à mes grandes questions*

Une collection de livres pour éveiller la curiosité des enfants et explorer le monde fascinant de la science.

La science est importante ! Elle sauve des vies, nous connecte à la nature et nous aide à bâtir un avenir meilleur.

Chaque livre de la collection « Les réponses à mes grandes questions » explore un domaine de la science et rend accessibles ses grandes découvertes… pour éveiller la curiosité de la prochaine génération de scientifiques !

DÉCOUVRE AUSSI…

72, rue Marguerite de Rochechouart – 75009 Paris

Première publication au Royaume-Uni en 2024 par Beetle Books, une marque de Hungry Tomato Ltd, F15, Old Bakery Studios, Blewetts Wharf, Malpas Road, Truro, Cornwall, TR1 1QH, Royaume-Uni

Titre original : *Can Trees Talk To Each Other?*

Adaptation : InTexte, Toulouse

ISBN : 978-2-38322-487-7
Dépôt légal : 1er semestre 2026
Imprimé en Chine

Les informations contenues dans cet ouvrage sont à jour au moment de sa rédaction.

FSC www.fsc.org MIXTE Papier | Pour une gestion forestière responsable FSC® C158492

Conforme à la Loi n° 49-956 du 16 juillet 1949 sur les publications destinées à la jeunesse, modifiée par la Loi n° 2011-525 du 17 mai 2011.

Crédits photographiques
(h = haut, b = bas, c = centre, g = gauche, d = droite)
Shutterstock : Anitasstudio 32 (cd) ; COLOMOBO NICOLA 34 (bg) ; Monticello 33 (bd) ; Creative Travel Projects 34 (c) ; Karel Bock 35 (bg) ; Kostiantyn Ivanyshen 35 (hg) ; Perfect Lazybones 35 (cd) ; Studiovin 33 (cg).